꿈을 찾고
바라고
붙잡는

김승호의
100번 노트

저자 김승호는

한인 기업 최초 글로벌 외식 그룹인 SNOWFOX GROUP의 회장이다. 한국과 전 세계를 오가며 각종 강연과 수업을 통해 '사장을 가르치는 사장'으로 알려져 있다. 지난 2019년, SNOWFOX 사는 전 세계 11개국에 3,878개의 매장과 10,000여 명의 직원을 지닌 글로벌 기업으로 자리매김했으며 연 매출 1조 원의 목표를 이루고 미국 나스닥 상장을 앞두고 있다. 외식 기업 이외에도 출판사와 화훼 유통업과 금융업, 부동산업의 회사를 소유하고 있고, 글로벌 외식 그룹의 대주주로서 한국과 미국을 오가며 활동하고 있다. 미국 중견 기업인 협회 회장과 중앙대학교 글로벌 경영자 과정 교수로 활동한 적이 있으며 지난 5년 동안 3,000여 명의 사업가 제자들을 양성했고 현재 농장 경영자로도 일하고 있다.

페이스북 @snowfoxjimkim
인스타그램 @snowfoxkim

100번 노트는

김승호 저자는 20살에 처음 100번 노트를 직접 고안해 작성했다. 그 일로 세상에서 가장 아름다운 아내를 얻는 데 성공한다. 후에 아내의 성씨인 백 씨는 '스노우폭스'라는 이름으로 재탄생됐다. 그 이후 그는 무엇이든 간절하게 원하는 일이 있을 때마다 그 소망을 100일 동안 100번을 쓰기 시작했고 그 과정에서 그 꿈이 정말 간절하고 자신이 원하는 꿈인가를 가늠하는 도우로 사용하기에 이른다.

후에 한국을 오가며 그가 사용한 이 방법이 강연과 책을 통해 알려져 수천 명이 따라 하기에 이르렀다. 실제 100일 동안 100번의 간절한 꿈을 적고 그리는 과정에서 많은 이에게 그 꿈이 놀라운 방식으로 실현되는 또 다른 결과들이 나타나기 시작했다.

100번 노트 사용법

0일 차 이전 간절한 꿈 원하기
1일 아 이후 그 꿈을 100번 적고 100일 동안 지속하기
보너스 쓰는 과정에서 마음이 동하지 않거나 실제 자신이 원하지 않는 꿈은 중도에 저절로
        쓰는 게 중단됨.

행원은
노력하면 기쁨을 쓰는
우연을 가장해
찾아 옵니다

김승호
삼성회장

Day

10

20

30

40

50

Day _____

60

70

Day _____

a notebook written 100 times a day

30

40

50

a notebook written 100 times a day

Day _____

10

20

a notebook written 100 times a day

Day _____

a notebook written 100 times a day

30

40

50

60

70

80

90

100

10

20

30

40

50

Day ___

10

20

30

40

50

a notebook written 100 times a day

Day _____

10

20

30

40

50

a notebook written 100 times a day

Day ___

30

40

50

60

70

80

90

100

Day _____

10

20

.

a notebook written 100 times a day

10

20

80

90

100

Day _____

10

20

60

70

Day _____

10

20

30

40

50

60

70

a notebook written 100 times a day

80

90

100

Day _____

30

40

50

Day _____

10

20

a notebook written 100 times a day

30

40

50

Day _____

10

20

30

40

50

60

70

80

90

100

Day _____

a notebook written 100 times a day

60

70

a notebook written 100 times a day

80

90

100

Day _____

10

20

30

40

50

60

70

80

90

100

Day _____

10

20

30

40

50

Day _____

10

20

80

90

100

Day _____

10

20

30

40

50

Day _____

60

70

a notebook written 100 times a day

Day _____

10

20

Day _____

60

70

Day _____

30

40

50

60

70

Day _____

10

20

60

70

80

90

100

Day _____

30

40

50

60

70

Day _____

10

20

60

70

80

90

100

Day _____

10

20

60

70

10

20

a notebook written 100 times a day

60

70

Day _____

30

40

50

a notebook written 100 times a day

Day _____

10

20

60

70

Day _____

60

70

Day _____

10

20

a notebook written 100 times a day

a notebook written 100 times a day